I0782855

POEMAS ERÓTICOS Y ROMÁNTICOS DEL OLIMPO

Aria González

POEMAS ERÓTICOS Y ROMÁNTICOS DEL OLIMPO

POEMAS ERÓTICOS Y ROMÁNTICOS DEL OLIMPO

ISBN: 9798303516823

Aria González

POEMAS ERÓTICOS Y ROMÁNTICOS DEL OLIMPO

Dedicatoria

Para mi Llama Gemela. Esté donde esté...

LA MUSA CANDENTE

DELICIOSA musa que se roba
tu aliento al compás del beso
que te lleva al infierno.
¡Oh, qué rico infierno!...
Claman quienes la prueban y

Se deleitan con el sabor del majar
entre sus piernas.

¡Cuán exquisita es
La musa candente. Insaciable de
sexo, bendito pecado.

La musa,
Candente y seductora cuyo
ardiente cuerpo te incita a abrazar
las llamas de la Gehena.

Es su dermis… oh, sí, su exquisita
y suculenta dermis la que te induce
al pecado.

Tan adictiva es su lengua
saboreando
Tu entrepierna;
Taimada y versátil cual
Criatura singular.

Adictivos son los demonios que
yacen bajo su falda.

Pervertidos y sádicos
Son los deseos que corrompen la
mente de quien osa mirarla.

La musa candente se abre
lentamente cual flor naciente.

QUIERO

QUIERO habitar en tu intimidad,
Ser un esclavo de tus pasiones;
enteramente tuyo cual vasallo
rendido a tus pies.

Quiero levantarme cada mañana,

Mirar hacia el lado este de mi
cama y ver los rayos del sol
Posarse sobre tu rostro,
inmaculado y dichoso.

Quiero tomarme un café, sobre las
piernas de quien ose llamarse mi
fiel
Confidente, amante y amigo.

Quiero ser amada y deseada
A la vez. Ser tratada como reina
durante el día y
Como sabrosa y dispendiosa
meretriz durante las frías noches,
Donde tu calor disipe las dudas
Y tus besos aplaquen el glacial que
recorre mis huesos.

MI MONTE DE VENUS

ECUÉSTATE sobre mi
monte de Venus y
acaríciame con placer.

Acomódate en mi adiposa
almohadilla y besa mi sínfisis
púbica.

Ven y conquista mi monte de
amor;
Con tus dedos de arcilla modela
sobre él un castillo.

Con tu largo pincel, entra en mi
cueva y pinta de blanco cada
rincón.

Con tu hábil lengua pon a temblar
el interior de mi templo, sacude del
todo mi monumento.

Déjate seducir por la hermosa
diosa del amor.

Juntos, nuestros cuerpos, a la par
de su roce, han de escribir poesía,
Perversa y erótica; romántica y
empalagosa.

Toma mi mano, transita conmigo
este idílico paraíso sumergido en
los placeres carnales de Clío.

EL JARDÍN DE LAS DELICIAS

APRIETA mi muslo, abraza
mis demonios.
Hazle el amor a mi alma
Mientras pruebo el suculento
sabor de tu intimidad.

Cógeme con ternura y lujuria.
Recorre los confines de mi espacio
sexual.

Escóndete en los lugares más
recónditos de mi fogosa psique y
Hazle el amor a mi candente y
pervertida mente.

Déjate seducir por mi oscuridad.
Déjate atrapar por mi imponente
intelectualidad.

Masturba mi materia gris y
provócale un excelso e idílico
orgasmo a mi materia blanca.

Desliza tus dedos por el boscoso
camino y penetra el umbral que te
llevará a la gloria.

Acércate a mí,
Acepta mi invitación. Ven a probar
la fruta prohibida del Paraíso del
amor. Piérdete conmigo en este
Jardín de las Delicias.

Ven, sedúceme con perversión.
Hazme enteramente tuya…
poséeme.

Incrústate hasta en lo más
profundo de mi piel. Hazme sentir
el éxtasis de tu amor. Clava tus
uñas en mis glúteos.

Acaricia la pulpa de mi fruta,
Exprime el rico jugo que tiene para
ti…

Oh, regocíjate en mí.

Chupa mi esencia, deja que mi
sabor te sacuda.

Oh, cuán delicioso es

Sentir tus dedos sosegando la fruta
salvaje.
Inclínate ante mí, entra en la gruta
Que escondo bajo mis faldas y
Piérdete en mis carnosos y
exquisitos labios.

VÍSITAME ESTA NOCHE

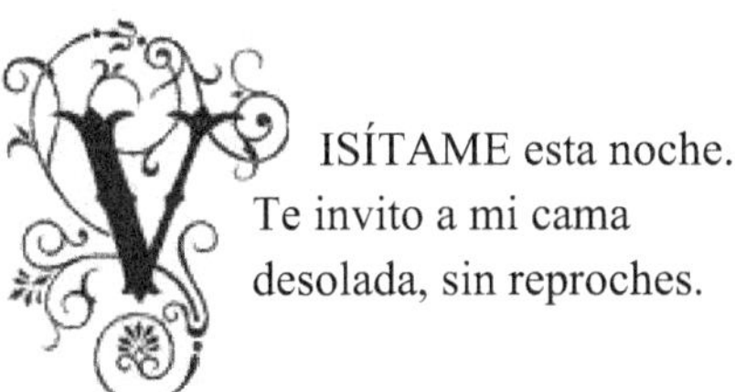

VISÍTAME esta noche.
Te invito a mi cama
desolada, sin reproches.

Ven y
Visita las montañas del Olimpo;
deléitate con la gloria que
Ellas esconden.

Visítame esta noche y dame un
poco de tu rica y sensual
fogosidad.

Visítame esta noche y
Pervierte mi carne sin reproche.
Ven y dame placer. Oh, sí… sucio
y adictivo placer.

Sedúceme, átame y
Maltrátame con el rico sexo que
Me induce a la súplica y me hace
sudar con excelso.

Embriágame de pasión,
Ahógame con tus besos entre
versos que corrompen mis
cimientos tan indefensos.

Desnúdame lentamente y
moldéame con las manos de Eros.

Incrusta tus ásperos dedos en mi
Abierta y malquerida herida.

Acopla tus carnosos labios con
Mis verticales labios que
Segregan el placer que tu lengua
les produce.

Tómame, oh, dios lujurioso,
oblígame a arrodillarme ante ti y
succionar tu extasiante poder.

LO PROHIBIDO

EL deseo por lo prohibido me
invita a transitar por valles de
lujuria y pecado.

Extrema devoción que hipnotiza
mis sentidos,
Ante el frío néctar de tus labios
con los míos.

El roce de lo efímero en tu fornido
cuerpo,
Esculpido por las manos de Zeus,
Me incita a portarme mal;
Me hace un llamado a sucumbir
ante el reino de Hades.

Intento mantenerme fuerte y en
calma, pero la serenidad ha
abandonado la barca.

Quizás, sea hora de rogar por el
perdón, a los pies de Clementia,
Pero,
Si lo hago… si tan solo me
arrepiento,
Estaré aún más condenada a tu
olvido.

Me veré inmersa en las
profundidades del áspero mar de tu
adiós.

He de preferir comprar mi boleto
hacia el fin.

Neblinosa y sombría morada cuyo
nombre me atrevo a pronunciar a
viva voz.

En el Érebo he de habitar, tras
haber sido condenada por la osadía
de probar lo prohibido.

EL CAMINO HACIA LA SEDUCCIÓN

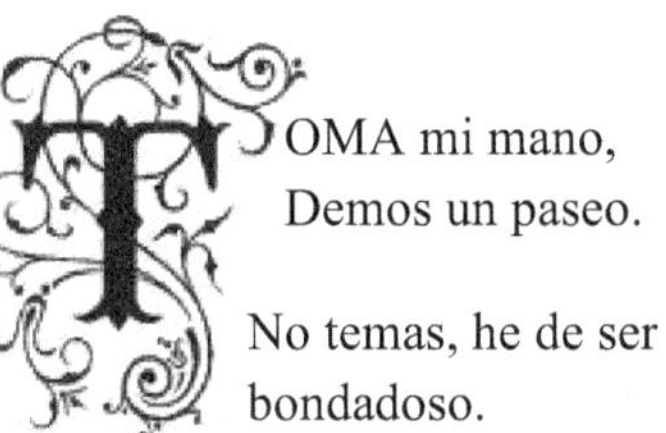 OMA mi mano,
Demos un paseo.

No temas, he de ser
bondadoso.

Seré sutil y amable con tu cuerpo.

Planeo darte un delicioso recorrido
por las curvas del infiel destino
impregnado de lujuria.

Acércate a mí,
Ven.

Acércate,
Solo un poco.
No te resistas.

Toca mi pecho y siente el calor.

No dudes en suavizar mi vello.

Hazme el amor e infunde pasión
por este camino hacia la seducción.

LA
DIOSA
ARDIENTE

IOSA de belleza sin igual,
Oh, ardiente destilo.

Dulzura bohémica;
Ardiente pasión.

Deseada por montón;
Odiada en desproporción.

Delicioso contorno el de sus
caderas idílicas y perfectas en
completa asimetría y singular
anatomía.

Distópico mundo que yace bajo
sus ojos.

Lenta en la cólera, rica en audacia.
Astuta en el arte de la seducción.

Pasión y deseo son los lazos que
adornan su indumentaria; fina y
delicada.

EL EROTISMO DE TUS LABIOS

 ULCE bermellón,
Sensible al tacto,
Gustoso sabor.

Dispuesto a sentir la punta de mi
lengua,
Degustando el dulce néctar de lo
idílico.

Respira hondo, mi dulce
bermellón.
Siente el calor del aliento, tenso y
excelso de mis labios probando el
erotismo de tus labios.

TRISTE
LAMENTO,
ETERNO
TORMENTO
EL DE TU
CUERPO
ESBELTO

UÉ rico el saber que
tus curvas me desean.

Triste lamento, eterno tormento el
de tu cuerpo esbelto anhelando
sentirme dentro.

Profundo en tu mar de dulce deseo.
Oh, cuán infeliz es saberme preso
en el mundo solitario donde faltan
tus besos.

El latido de mis lamentos
expresados en el gutural sonido
que expreso con descontento.

SALVAJE

DIOSA

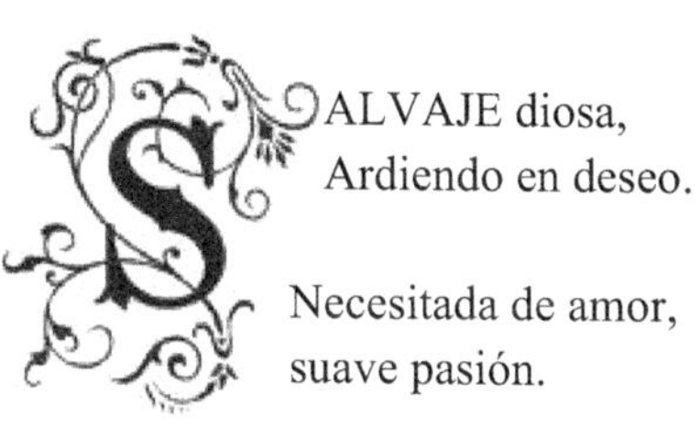

ALVAJE diosa,
Ardiendo en deseo.

Necesitada de amor,
suave pasión.

Carente de afecto,
sublime beso.

Destello del olvido, golpe tenaz.
Divina criatura que rebosa en
pasión anhela el beso que perdió
en el triste ocaso, olvidado en el
calvario.

Oh, tu áspero deseo que me
entumece los huesos.

Oh, suave diosa que engendra
excitación,
Sedante temor.

Rebosan tus labios,
Disipan mis dudas ante la primera
probada de ese exquisito manjar.

Cegado quedó quien osó a espiar
tu desnudo cuerpo sumergido en
las ricas aguas refrescantes y
dichosas de amansar tu salvajismo.

Imposible de domar por quien
pretende mitigar tu pasión.

Seré un esclavo de tu pasión.

LA RESIDENCIA DE LOS DIOSES

UGAR donde duermen los
dioses,
Donde se deleitan y sacian
 sus más turbios deseos.

La morada mitológica que
despierta las fantasías más
extravagantes del universo.

El palacio de los divinos y sátiros
Seres,
Exultantes y eufóricos.

Entre opulencia y salvajismo,
Se divierten con idílico sexo.

Inimaginable y mítico,
Digno de los divinos.

El palacio de los reyes del Olimpo.

PERDÓN

ERDONA si me enamoro
de ti.

Perdóname si me vuelvo un
esclavo de tus pasiones.

Perdona si renuncio a mi lugar en
Olimpo solo por rendirme a los
pies de la simpleza humana y a tus
delirios.

EL PANTEÓN GRIEGO

NI siquiera el enorme pedazo
de piedra por el que a diario
transito, se equipara a la
grandeza de tu belleza que
irradia dulzura y emana
poder.

Mis colegas en el Monte Olimpo
me critican, pues no conocen la
grandiosidad de tu flameante ser.

EL EXCELSO Y SUBLIME ÚLTIMO BESO

EL excelso y sublime
beso que me salvó
del Inframundo y de
la eterna miseria.

Yo era una diosa cuyo norte se
trazaba en decadencia,
Fui vista en tragedia y salvada de
la desgracia
Por un humilde mortal de vestidura
sin igual.

En divinos términos me ensalzó,
Me hizo suya y mi naturaleza
cambió.

Pero mi audacia me resulto cara.

Aunque no fui condenada a la
eterna llama,
No así, de mi morada fui echada.

Del Olimpo me expulsaron por la
osadía de mi traición,
Por pecar por amor,
Por dejarme seducir por un simple
mortal, de dudosa identidad.

Aun así, no me arrepiento de mi
breve lamento, pues disfruté hasta
el último beso.

Acerca de la autora

Aria González, nacida como *Asiria Echavarría*
(Maracaibo, Venezuela, 08 de julio de 1996), es una
escritora y poetisa colombo venezolana, conocida por ser
la autora de ***SERES: ORÍGENES, HAY UN ASESINO
ENTRE NOSOTROS*** y ***POEMAS DEL ALMA
OSCURA***. Es abogada, con un Máster en Derecho
Mercantil. Desde niña, se sintió atraída por las maravillas
que entraña el mundo de la ficción, la fantasía, el horror y
la poesía. Es considerada una escritora prolífica y
polifacética.